I0159094

宝血大权能

叶光明 著

宝血大权能
The Power of Sacrifice

叶光明国际事工版权 © 2016
叶光明事工亚太地区出版
PO Box 2029, Christchurch, New Zealand 8140
admin@dpm.co.nz
叶光明事工出版
版权所有

在没有经过出版方的书面许可下，本书任何部分都不允许以任何形式或手段复制传播，包括电子或印刷形式，或以复印、录音，或以任何信息储存和检索系统的形式。

DPM56

ISBN: 978-1-78263-651-9

弟兄胜过牠，是因羔羊的血和自己所见证的道。

他们虽至于死，也不爱惜性命。

启示录十二章11节

本部目录

本部前言

弟兄胜过牠，是因羔羊的血和自己所见证的道。他们虽至于死，也不爱惜性命。启示录十二章11节

此处的"他们"，就是像你我这样，信靠耶稣基督的人，这里的"牠"是指撒旦。双方直接面对面地，他们胜过了牠。他们如何胜过牠的呢？是因羔羊的血和他们所见证的道。

撒旦只怕一种基督徒：完全委身的基督徒。当你完全委身，你的意志与神的旨意结合，你就是艘不沉的船，打不倒也不可动摇。生死对你是次要的，总之你是无法被击败的。

在此强而有力的信息中，显明耶稣宝血具七大方面影响我们的生命，只要了解并拥抱这些真理，你也能胜过恶者撒旦。

1倚靠耶稣宝血大能得胜

在逆境中你如何应对？在压力下你如何反应？历世历代以来，人类为因应敌对与失望而表现出的调适反应，有沮丧、愤怒、否认或害怕。

这些反应在那些与神有连结的人身上，也屡见不鲜，不过，根据我查考圣经的心得，我相信其实可以不必这样，必有方法可使我们胜过人生中遭逢的挣扎。基督的受苦、被钉十架和复活，当然不只是救我们脱离地狱永远的刑罚而已，十架的大工必在某种程度上影响我们，帮助我们安然度过地上生活所遭遇的各样环境。

我深信如此，我相信圣经所教导的—我的亲身经历也证实—耶稣的宝血不只提供一张到天堂的车票，我相信在状况符合时，基督徒能将耶稣宝血的能力，应用到生活的各个领域，并能见证其完全的果效。

这段前言要从结局说起，也就是从圣经的最后，亦即启示录说起。启示录讲到末日的大冲突，在现今世代将结束之际，天上的和地上的都投入这场冲突中，神的使者下来征战，撒旦和其差役也在其中，还有在地上的信徒也参与这场争战。感谢神，圣经应许胜利属于神和他的百姓。经文描述在地上的属神百姓如何在各自岗位上战胜仇敌，这话是出自天使的口，而所讲的是地上的众信徒：

> **弟兄胜过牠，是因羔羊的血和自己所见证的道。他**
> **们虽至于死，也不爱惜性命。启示录十二章11节**

此处的他们，就是像你我这样，信靠耶稣基督的人，这里的牠是指撒旦。很清楚我们与撒旦是直接冲突，中间别无其它，然后他们胜过了牠。

经文清楚述说他们如何胜过牠："**是因羔羊的血和他们所见证的道。**"接着也说明他们是哪一种人：委身的一完全委身的人。撒旦只怕一种基督徒，就是完全委身的基督徒。

当圣经说："**他们虽至于死，也不爱惜性命。**"意思是说，对他们而言，存活不是第一优先。第一优先的是神的旨意成全，他们能否活着是其次，最重要的是向神忠心。

我们常讲要作主精兵，但我想很多人其实对于什么叫"当兵"，不但观念模糊，甚至有些情感用事。我自己在无法选择的情况下当了五年兵，那是二次大战期间，我成了英国陆军的一员。我被征召入伍的时候，司令官可没有发给我一张保证书说："你绝对不会失去性命，仅此证明。"没有哪个士兵是以"不会丧命"为条件下才肯入伍的。事实上从某个程度讲，不管在哪个时候入伍，都有一个前提是，可能会在战场上丧命。

主的大军也是这样，不保证你可以不用舍去生命。撒旦最害怕的一种人就是不怕舍命的人。毕竟相对来讲，生命是短暂的，不会持续到永久，所以为了在地上短暂的岁月，而失去永恒的荣耀，可就太愚昧了。

我相信人的自私心必须被光照，价值观才会重新校正，才会接受什么是更重要、更具价值的。约翰一书有句话说得好：

> 这世界和其上的情欲都要过去，唯独遵行神旨意的，是永远常存。约翰一书二章17节

当你将自己的心意跟神的旨意结合，当你能完全委身于神的旨意，你就是艘不沉的船，打不倒，不可动摇的。生死对你而言是次要的，总之你是无法被击败的。

让我们思考，"用羔羊的血和所见证的道胜过撒旦"是什么意思。当我们能以个人的见证，证明神的道、说出耶稣流出宝血为我成就的事，这样我们就胜过了撒旦。

再深入探讨究竟该怎么做，容我从旧约举一个例子，那是记载于出埃及记十二章的逾越节仪式。在那仪式中，神借着人所献上的逾越节羔羊，保护了所有以色列人免于死亡。但是他们必须用羔羊和其血施行一些仪式，才能够受到保护。神说：

> 于是，摩西召了以色列的众长老来，对他们说："你们要按着家口取出羊羔，把这逾越节的羊羔宰了。拿一把牛膝草，蘸盆里的血，打在门楣上和左右的门框上。你们谁也不可出自己的房门，直到早

晨。因为耶和华要巡行击杀埃及人，他看见血在门楣上和左右的门框上，就必越过那门，不容灭命的进你们的房屋，击杀你们。"出埃及记十二章21-23节

在特定时刻，每一家的父亲必须选一只大小适合全家食用的羔羊，宰了这羔羊献为祭，用盆盛血，这血非常宝贵，一滴也不可洒到地上。

不过，尽管羊羔被杀了，血也流到盆子里，但这样并不能保护任何一个人。还必须由作父亲的蘸盆内的血，打在自家的门楣上和左右的门框上，但不可涂在门坎，因为无人能越过那血。

所以，以色列的命运全系于那盆里的血：打到门上，而且一滴也不可沾到地上。他们要怎样做呢？用一把牛膝草，那是中东地区随处可见的野草。神指示他们用一小把牛膝草蘸盆里的血，打在门楣和门框上。我发现有一点很有意思，就是这个卑微的小草竟成了以色列得救不可或缺之物。

接着神再提出一项命令，他说把血打在门楣和门框上以后，以色列全家都必须待在屋内，才能够受保护。如果有人走出血的界线以外，就不受保护了。

现在让我们将此真理用到自己身上吧，保罗说基督（那羔羊）就是我们的逾越节，为我们而牺牲（盆内的血）。但

宝血大权能

是要记得，血在盆内并不能够提供保护，我们和以色列人当年的处境相同，我们必须从盆内蘸血，涂在我们住的地方，然后才会受到保护，所以我们要听从吩咐去做。那么，要怎样将盆内献祭的血（耶稣）涂到我们住的地方呢？启示录十二章11节的重点在此：**"他们胜过牠，是因羔羊的血和自己所见证的道。"**

我们之所以能胜过撒旦，是因为我们个人见证神的道，诉说耶稣宝血为我们成就的事。个人见证宝血的大能就是"把盆内的血涂到我们住的地方"的行动表现。在这个脉络之下，见证一词就不单是指你的得救见证了，仅仅根据圣经说出的三言两语也算为见证，就像那把不起眼的牛膝草，用那沾了血的牛膝草，拯救了我们，成了我们的保护。

你的见证极其重要了，再怎么强调都不为过。希伯来书中强调了这个重点说：

**同蒙天召的圣洁弟兄啊，你们应当思想我们所认为
使者、为大祭司的耶稣。希伯来书三章1节**

希伯来书的作者称耶稣为"我们所认为的大祭司"，这里"所认为的"英文直译为"宣信"（confession），字面意义为"说一样的话"。对于相信圣经与耶稣基督的我们来说，"宣信"的意思就是，我们要说跟神的道一样的话。从我们口中所说的话，与神的道要完全一致。耶稣是大祭司，就是我们的宣信，无宣信即无大祭司。

1倚靠耶稣宝血大能得胜

我们若无法有意识地、刻意地赞同神的道，那么耶稣就不能代表你站在神面前。唯当你正确地宣信，他才能够代表你辩护。在马太福音中，耶稣说："**因为要凭你的话定你为义，也要凭你的话定你有罪。**"（十二章37节）也就是，你将用你自己的话，宣告你的命运。

雅各说，舌头好比一艘船的舵，小小的舵可以决定船的行进方向（雅各书三：4）。我们怎样使用舌头就决定了我们的人生道路。许多基督徒对于怎样用舌头非常怠忽又满不在乎，随口说出："我想见你想得要死。""我高兴得要死。""我怕得要死。"通常明智的作法是，不要信口开河地说出你并不希望耶稣使之发生的事。

不要妄自菲薄，因为神对你的评价是很高的，他已将耶稣的宝血投资在你身上，当你批评自己，其实就是在批评神手中的工作，在以弗所书，保罗说我们都是神手中的工作（以弗所书二：10），我认为批评神的工作是很危险的狂妄之举。骄傲当然也是基督徒的通病，但是另一个问题也同样严重，就是低估、轻看你自己。

"我们所见证的道"就是把耶稣的宝血应用到我们所住之地的方式。但是，很显然，必须真正知道神的道说什么，才能够见证神的道，所以认识圣经有关耶稣宝血的教导是不可少的。

2耶稣宝血七大权能功效

新约从七大方面启示耶稣的宝血对我们的功效，分述如下：

救赎

在以弗所书一章7节，保罗说："**我们藉这爱子的血得蒙救赎。**"救赎的意思是"带回来"。耶稣用他的血把我们从魔鬼手中带回来。彼得进一步解释说：

> **知道你们得赎，脱去你们祖宗所传流虚妄的行为，不是凭着能坏的金银等物，乃是凭着基督的宝血，如同无瑕疵、无玷污的羔羊之血。彼得前书一章18-19节**

请注意彼得用了羔羊一词，把我们带回那个逾越节。耶稣是无瑕疵—无原罪；他是无玷污的—无个人犯的罪，我们得赎乃是凭着他的宝血。

接着来看诗篇一百零七篇，如何实际运用此真理：

愿耶和华的赎民说这话，就是他从敌人手中所救赎
的。（2节）

如果我们是得蒙救赎的人，就当"说这话"。不说这话
就没有得蒙救赎。你要宣信—作见证，救赎才有功效，否则
血仍在盆中。

举个例子，当然并非仅限这样说，但你可以大声说出：
"靠着耶稣的宝血，我已经从魔鬼手中被救赎出来了。"

我非常清楚耶稣在哪里找到我的—我在魔鬼手中的时
候，对此我心中无半点疑问。但今天我已不在那里，因为耶
稣的宝血已经把我从魔鬼手中救赎出来了。当你能克服以往
的骄傲和别扭，大声说出你的见证，必将自此经历前所未有
的自由。

洁净

约翰指出耶稣宝血的第二种功效：

我们若在光明中行，如同神在光明中，就彼此相
交，他儿子耶稣的血也洗净我们一切的罪。约翰一
书一章7节

这句话原文的动词全都是现在进行式，这一点很重要。
如果我们要继续行在光中，就要继续彼此相交。请注意行在
光中的证据就是，有没有与其它信徒相交（团契、建立关

宝血大权能

系、互动）。一个很自然的前提是，如果你发现自己没有与其它信徒相交，就应该仔细看看自己是否仍行在光中。

宝血不会在黑暗中洁净我们。如果你不在光明中—如果你让自己行在黑暗中—你的关系就会受损害，更重要的是，耶稣宝血洗净的大能也被你损害了。

洁净是一个持续的功效，无论我们在哪里，只要行在光明中，都持续有效。或许我们处在最污秽的环境，周遭是最邪恶的人，恶势力不断压迫着我们，但只要我们在光明中行，宝血的功效就必持续洗净我们一切的罪。

诗篇五十一篇是大卫悔罪的一首伟大的诗篇。当他知道自己犯了两个重罪，即奸淫与杀人罪，就转向神痛切地悔改，呼求神怜悯。在第7节他说：**"求你用牛膝草洁净我，我就干净；求你洗涤我，我就比雪更白。"**

这里又令我们想到那个逾越节的牛膝草。大卫一步步走出黑暗，神的洁净大能就在他身上发挥功效。

当你知道自己犯了罪，这时你知道可以去哪里使罪得赦，这是多么令人安心啊。请稍微驻足思想，有多少人明明充满罪疚感，却不知能往何处去除罪。想象自知有罪的那种良心不安的感觉—被自己所犯之罪折磨—又不知哪里可找到赦免与平安，这就是今天人类的处境。

为了实际运用这个真理，你可以大声的说出："当我行在光明中，耶稣的血就洁净我，从现在开始持续不断地洗净我一切的罪。"此宣告不但涵盖此时此刻，更是从此刻起直到永久，只要你一直行在光明中。

称义

称义是很多人不知如何定义的一个神学字眼。其希腊文的原意是"使为义",但它还有其它几层意思,保罗写道:

现在我们既靠着他的血称义,就更要借着他免去神的忿怒。罗马书五章9节

假设你为一桩死罪站在法庭上受审,生死悬在一线间,当无罪的判决下来,那就叫称义。你被宣告无罪。

但是称义不只是宣告无罪,更是被称为义人——与神关系和好了,现在你有耶稣基督的义。如果倚靠自己的义行,连靠近与神和好的位置都不可能,所以你必须倚靠耶稣基督的义。

我曾用自己的话来说明称义:称义就是彷佛我不曾犯过错。为何?因为耶稣基督的义成了我的义,而他是不曾犯过罪的,他是无罪的,没有必须掩盖的过往。以赛亚书说得非常好:

我因耶和华大大欢喜;我的心靠神快乐。因他以拯救为衣给我穿上,以公义为袍给我披上。

以赛亚书六十一章10节

以赛亚称颂神供应的两件事:救恩与公义。当你信靠耶

宝血大权能

稣基督，相信他为你舍命，你就穿上了救恩的衣服，但是并非仅仅如此，你还将披上公义的袍子，所以另一种翻译是"穿上公义袍"。

耶稣基督的义完全把你復盖，魔鬼无法用任何话攻击你。如果牠提醒你曾做错哪些事时，你要说："没错，但那些事都过去了，现在我身上穿着耶稣基督的公义，看你这个撒旦还能不能在耶稣的公义里挑错！"

让我们立即应用出来，大声宣告："借着耶稣宝血，我已经称义，我罪得赦，我无罪了，我被算为义，我成了义人，就像我从未犯过罪一样。"

成圣

耶稣宝血的下一个应用在希伯来书里：

所以，耶稣要用自己的血叫百姓成圣，也就在城门外受苦。希伯来书十三章12节

希腊文"成圣"的动词原意跟"圣洁"一词有直接的关连。希腊文中"圣"（Sanct）的英文就是圣徒（saint），所以"叫百姓成圣"就是使人成为圣徒或成为圣洁，意味着"分别出来"。

这可从两方面来看：从哪里被分别出来，到哪里去。我们是从罪和一切污秽的事情中被分别出来，然后成圣而有神自己的圣洁。希伯来书谈到神的管教，说我们生身的父亲随

16

着自己的意思暂时管教我们，但神的管教完全不同：

> 生身的父都是暂随己意管教我们；唯有万灵的父管
> 教我们，是要我们得益处，使我们在他的圣洁上有
> 分。希伯来书十二章10节

请再次注意，我们毫无功劳可夸，我们不是凭自己的圣洁而成圣的，就像我们不是凭自己的义行得称为义，而是藉耶稣的血得以分享他的圣洁。所以我们应当这样开口宣告，说："我是藉耶稣的宝血成圣，从罪恶中被分别出来，归与神，因着神的圣洁而成为圣洁的人。"

生命

耶稣的血不但救我们脱离罪，也给我们一样积极确实的赏赐，就是生命。

> 因为活物的生命是在血中。我把这血赐给你们，可
> 以在坛上为你们的生命赎罪。利未记十七章11节

为生命赎罪的是血。所以神的生命—造物主的生命—藉耶稣的宝血临到我们。

按着人的头脑没办法计算这句话的份量有多贵重，因为造物主远远高过他所造万物，他的无限量使我们无法完全了解耶稣宝血里的大能究竟有多庞大。一滴宝血的能力，就可

宝血大权能

胜过撒旦整个国度了—因为在耶稣宝血里有神自己永远的、非被造的、无限量的生命，这生命早在创世以前就存在了。请记住这点，然后我们来读约翰福音第六章：

> 耶稣说："我实实在在地告诉你们，你们若不吃人子的肉，不喝人子的血，就没有生命在你们里面。吃我肉、喝我血的人就有永生，在末日我要叫他复活。我的肉真是可吃的，我的血真是可喝的。吃我肉、喝我血的人常在我里面，我也常在他里面。永活的父怎样差我来，我又因父活着；照样，吃我肉的人也要因我活着。"约翰福音六章53-57节

一九四六年我在阿拉伯的一个叫拉姆安拉（Ramallah）的小镇开始传道事奉，该镇的地理位置就在耶路撒冷北边。那段时候在我们家都讲阿拉伯语，因此直到现在每次圣餐礼拜时，我还是会习惯用阿拉伯话说："让我们喝耶稣的血。"

这可不是什么奇怪又超级属灵的词句；他们领圣餐时就是这样说的。虽然有许多应用方式，但是对我来说，当我领圣餐，就是在领受耶稣宝血里的生命。有些人认为不过是行礼如仪，耶稣可不是那样说的喔，他是说："你们是在吃我的肉，你们是在喝我的血。"

至于这话如何成为我们的生命，有许多不同的看法。罗马天主教和圣公会相信是藉由神父/神职人员将之分别为圣。

坦白讲，我不那么认为。我相信是借着信心，当我凭着信心领受，相信耶稣所说的，它对我就成为耶稣所说的那样，分毫不差。藉此耶稣使我有分于他的生命，保罗说：

我们所祝福的杯，岂不是同领基督的血吗？我们所擘开的饼，岂不是同领基督的身体吗？哥林多前书十章16节

再往下看，保罗提醒我们主的晚餐是如何设立的：

我当日传给你们的，原是从主领受的，就是主耶稣被卖的那一夜，拿起饼来，祝谢了，就擘开，说："这是我的身体，为你们舍（有古卷：擘开）的，你们应当如此行，为的是记念我。"饭后，也照样拿起杯来，说："这杯是用我的血所立的新约，你们每逢喝的时候，要如此行，为的是记念我。"你们每逢吃这饼，喝这杯，是表明主的死，直等到他来。哥林多前书十一章23-26节

我们如此行完全是为了记念他，但，哪些事是为了记念他而做的呢？就是取用他的身体。对我来说，这不是教义也非理论；这是活生生的事实。

内人路德与我，通常每天早上一起以夫妻身份同领圣餐。每天早晨我擘饼，说："主耶稣，我们领受这饼作为你的肉。"然后我们吃下去。接着同享那杯，我说："主耶

宝血大权能

稣，我们领受这杯作为你的血。"着我又说："我们如此行，是表明你的死，直等到你来。"

领圣餐就是在表明主的死，直等到他来。你完全是处在当下的时间脉络之外，除了十字架，我们没有过去；除了他的再来，我们没有未来。我们宣告他的死，直等到他来，每一次这样做就是在提醒自己，他必再来。用言语肯定这真理，你可以这样说："主耶稣，当我领受你的血，就从你的血里面领受生命，神的生命—神圣的、永恒的、无尽的生命。"

代求

宝血的最后两项供应则将我们带出时间的领域，进入天上的永恒领域—那里才是我们最终的归宿。在希伯来书，我们发现耶稣宝血的又一项应用：

> 你们乃是来到锡安山，永生神的城邑，就是天上的耶路撒冷。那里有千万的天使，有名录在天上诸长子之会所共聚的总会，有审判众人的神和被成全之义人的灵魂，并新约的中保耶稣，以及所洒的血；这血所说的比亚伯的血所说的更美。希伯来书十二章22-24节

请注意"你们来到"的时态是现在完成式，我们不是即将来到，在圣灵里我们已经来到了。

2耶稣宝血七大权能功效

"我们来到"的天上，共列出八样事物：锡安山，天上的耶路撒冷（不是地上的耶路撒冷），永生神的城邑，千万的天使，天上诸长子之会所共聚的总会，审判众人的神面前，被成全之义人的灵魂，新约的中保耶稣，最后提到所洒的血；这血所说的比亚伯的血所说的更美。

耶稣所洒的血，在天上代表我们说的话，比亚伯的血所说的更美。这里有三个对照的重点：

亚伯流血不是出自他的意愿。

耶稣是甘愿流出他的血。

亚伯的血是在几千年以前洒在地上。

耶稣的血是洒在神面前，即使此时此刻仍在洒。

亚伯的血呼求神伸冤。

耶稣的血请求神怜悯。

这是多么美的启示啊，我们都会碰到软弱的时候，会碰到压力很大的时候，没有办法祷告，甚至怀疑下一刻是否气息尚存。这时，能够知道耶稣的宝血—洒在神的面前—永远为我们代求，为我们呼求怜悯，真是太好了。请你肯定这真理并大声说："主啊，感谢你，即使当我没办法开口祷告时，耶稣的血仍一直在天上为我代求。"

宝血大权能

进路

最后，我们来看希伯来书第十章，请注意这里一开始就提到"放胆"（坦然）。希腊文的原意是言论自由，这点很重要，因为坦然，所以我们能自由地说。别忘了，能力是在我们的见证里，如果我们不开口作见证，就没有能力。

弟兄们，我们既因耶稣的血得以坦然进入至圣所，是借着他给我们开了一条又新又活的路，从幔子经过，这幔子就是他的身体。又有一位大祭司治理神的家，并我们心中天良的亏欠已经洒去，身体用清水洗净了，就当存着诚心和充足的信心来到神面前；也要坚守我们所承认的指望，不至摇动，因为那应许我们的是信实的。希伯来书十章19-23节

希伯来书三章1节说，耶稣是"**我们信仰宣认的大祭司**"（现代中文译本，以下同），希伯来书四章14节说："**应该持守我们所宣认的信仰。**"希伯来书十章23节则说："**让我们坚定不移地持守我们所宣认的盼望。**"这些经文告诉你什么？当你坐在飞机上，机上广播忽然要求你系好安全带，你想会是什么？当然是碰上乱流啦。当神的道说要宣认信仰，持守宣认的信仰，坚定不移，这就是神在对你说：要系好安全带，因为前方有乱流。不要让乱流使你松脱安全带，这时最需要你所见证的道了，也是最有果效的时候。继续宣认正确的信仰，即使当周遭一切看似与你的信仰背道而驰，神的道仍是真实的。

你会注意到，我们有一条又新又活的路进入至圣所。利未记告诉我们，大祭司每一年进去一次，带着盛满香的香炉，使香的烟云遮掩施恩座——那是敬拜。但他也要带着祭物的血进去，洒在施恩座和幔子之间，一次，两次，三次，四次，五次，六次，七次，然后取些血，涂在施恩座的东面（或前面）。因此，当希伯来书的作者说，耶稣的宝血为我们开了一条又新又活的路，所以我们可以坦然无惧地来，他写这段话的时候心里想的是那七次的洒血，和施恩座前的血。

因为耶稣的宝血，所以我们可以坦然无惧地来到全能上帝的宝座前，是全宇宙最圣洁的地方。我们有一条进路，直通上帝。为肯定这真理，你可以这样大声宣告："神啊，感谢你，因着耶稣所洒的血，我得以进入你面前，就是进到全能上帝面前，全宇宙最圣洁的地方。"

耶稣的血——洒了七次——在我们身上有七方面的功效：救赎、洁净、称义、成圣、生命、代求和进路。但是不要忘了，你能胜过撒旦，是因着羔羊的血和你所见证的道，是这样使之在你生命中产生效力的，你是这样应用的。而魔鬼必因此吓得逃跑，而你将不断地得胜。

关于作者

叶光明（Derek Prince, 1915-2003）生于印度，父母都是英国人。及长于英国伊顿公学和剑桥大学就读，毕业后于国王学院主持古代与现代哲学研究。他也在剑桥大学和耶路撒冷的希伯来大学研究包括希伯来语和阿拉米语（Aramaic, 亚兰语）等数种语言。

二次大战期间他服役于英军医疗团时，开始把圣经当作哲学著作研究，后来透过一次与耶稣基督面对面相遇，生命从此改变。那次相遇令他获致两项结论：第一，耶稣基督活着；第二，圣经是一本真实的、与现代人切身相关的书。这两项结论使他的人生大转向，从此他献身查考和教导圣经。

叶光明最大的恩赐是，简单又清楚地解释和教导圣经，帮助了无数人奠定信仰的根基。他跨宗派、跨门派的教导，无论什么种族和宗教背景的人听来，都感到贴切而获益匪浅。

他著作五十多本书，教导的录音带六百卷和影片一百一十卷，当中许多已被翻译成一百多种语言出版。他有个每日播出的广播节目，已被译成阿拉伯语、中文（厦门话、粤语、普通话、上海话、潮州话）、克罗地亚语、德语、马律加什人语、蒙古语、俄罗斯语、萨摩亚语、西班牙语和汤加语。这个广播节目仍持续感动着世界各地的听众。

　　叶光明国际事奉团队（Derek Prince Ministries International）仍坚守福音事奉，将叶光明的教导带到一百四十多个国家的信徒当中，忠于托付"直到耶稣再来"。如欲了解最新讯息，请上我们的网站：www.ygm. services

宝血大权能

版权所有 © 2018 叶光明国际事工

所有权利保留.

Website: www.ygm.services

中国大陆免费下载叶光明书籍和广播资源网站

www.ygm.services

中文叶光明书籍和广播资源可以通过搜索
"Ye Guang Ming"或"YGM"或"叶光明"
下载应用程序到手机或平板电脑阅读和收听。

中国大陆索取叶光明书籍和讲道资源，
可以联系 feedback@fastmail.cn

如何在智能手机上安装应用程序(App)

可复制网址到智能手机的浏览器，或使用二维码安装
适用于您智能手机的应用程序（App）

iPhone/iPad手机下载网址:

https://itunes.apple.com/sg/app/
ye-guang-ming-ye-guang-ming/
id1028210558?mt=8

若干安卓手机下载地址如下，供您选择:

https://play.google.com/store/
apps/details?id=com.subsplash.
thechurchapp.s_3HRM7X&hl

叶光明事工微信公众平台:

如果您对叶光明事工的资料有任何反馈或愿意作出奉献支持事工，请email联络我们：

电子邮件 feedback@fastmail.cn

DPM56-B86

www.ingramcontent.com/pod-product-compliance
Lightning Source LLC
Chambersburg PA
CBHW060604030426
42337CB00019B/3600

弟兄胜过它，是因羔羊的血和自己所见证的道。他们虽至于死，也不爱惜性命。

启示录十二章11节

上述经文中的"他们"，是指的基督徒；上文中的"它"，指的是恶者撒旦。前后两者中间没有任何其他的因素。经文清楚直白地告诉我们，"弟兄胜过它"。弟兄如何能胜过它？"是因羔羊的血和自己所见证的道"。

只有一种类型的基督徒能够让撒旦胆战心惊，那就是完全委身的基督徒。当你将意志和神的意志完全联合，当你向神完全委身时，你是战无不胜，攻无不克的。在神里面，你永不动摇，坚若磐石。生死都并非最重要的事，重要的是，你永不会被击败。

知名圣经学者叶光明在这本满了能力的《宝血大权能》中，揭示了主耶稣宝血在我们生命中七个层面的重大影响。藉着对这些真理的理解和应用，你也可以得胜撒旦。

叶光明是全球知名的圣经学者和圣经教师。他的作品颇丰，包括逾五十本书籍，六百多音频讲道及一百一十个视频讲道系列。他的很多作品已经被翻译为一百多种语言在全球出版发行。 叶光明牧师的每日广播节目，也持续不断地在改变着全球各地不同人的生命。

ISBN 978-1-78263-651-9
90000

www.derekprince.com
Product Code: B86ZHO
The Power of the Sacrifice
DPM56

9 781782 636519